I kona n riki bwa te tia kateitei

Te korokaraki iroun KR Clarry
Te korotaamnei iroun Romulo Reyes III

Library For All Ltd.

E boutokaaki karaoan te boki aio i aan ana reitaki ae tamaaroa te Tautaeka ni Kiribati ma te Tautaeka n Aotiteeria rinanon te Bootaki n Reirei. E boboto te reitaki aio i aon katamaaroaan te reirei ibukiia ataein Kiribati ni kabane.

E boreetiaki te boki aio iroun te Library for All rinanon ana mwane ni buoka te Tautaeka n Aotiteeria.

E moan boreetiaki 2022
E moan boreetiaki te katootoo aio n 2022

E boreetiaki iroun Library For All Ltd
Meeri: info@libraryforall.org
URL: libraryforall.org

Te korotaamnei iroun Romulo Reyes III

Atuun te boki I kona n riki bwa te tia kateitei
Aran te tia korokaraki Clarry, KR
ISBN: 978-1-922918-77-2
SKU02433

I kona n riki bwa
te tia kateitei

Aikai bon taan kateitei.

4

A mwammwakuri n taabo ni kateitei.

A mwaiti bwaai aika a kona ni katei taan kateitei n aron te auti ao auti aika ririeta.

A kaboonganai bwaai
ni mwakuri aika a mwaiti
taan kateitei bwa a na
kateitei iai n te kai, te
biti ao te timanti.

A karaoi bwaai aika uruaki
n am auti, te reirei ke n
te aobiti.

Aikai bon taan kateitei aika a kaokoro aika a katei taian reirei, te buriiti, ao kateitei aika ririeta.

A mwaiti taan kateitei
n te aonnaaba.

I kona n riki bwa te tia kateitei n te reirei.

Ngkanne I a kona n ibuobuooki ni katei auti ao kateitei riki tabeua n au kaawa.

Ko kona ni kaboonganai titiraki aikai ni maroorooakina te boki aio ma am utuu, raoraom ao taan reirei.

Teraa ae ko reiakinna man te boki aio?

Kabwarabwaraa te boki aio.
E kaakamanga? E kakamaaku?
E kaunga? E kakaongoraa?

Teraa am namakin i mwiin warekan te boki aio?

Teraa maamaten nanom man te boki aei?

Karina ara burokuraem ni wareware
getlibraryforall.org

Rongorongoia taan ibuobuoki

E mmwammwakuri te Library For All ma taan korokaraki ao taan korotaamnei man aaba aika kakaokoro ibukin kamwaitan karaki aika raraoi ibukiia ataei.

Noora libraryforall.org ibukin rongorongo aika boou i aon ara kataneiai, kainibaaire ibukin karinan karaki ao rongorongo riki tabeua.

Ko kukurei n te boki aei?

Iai ara karaki aika a tia ni baarongaaki aika a kona n rineaki.

Ti mwakuri n ikarekebai ma taan korokaraki, taan kareirei, taan rabakau n te katei, te tautaeka ao ai rabwata aika aki irekereke ma te tautaeka n uarokoa kakukurein te wareware nakoia ataei n taabo ni kabane.

Ko ataia?

E rikirake ara ibuobuoki n te aonnaaba n itera aikai man irakin ana kouru te United Nations ibukin te Sustainable Development.

libraryforall.org

.

www.ingramcontent.com/pod-product-compliance
Lightning Source LLC
Chambersburg PA
CBHW040318050426
42452CB00018B/2911